David Jonathan

HTML 5 Cheat code para principiantes

David Jonathan

HTML 5 Cheat code para principiantes

ScienciaScripts

Imprint

Any brand names and product names mentioned in this book are subject to trademark, brand or patent protection and are trademarks or registered trademarks of their respective holders. The use of brand names, product names, common names, trade names, product descriptions etc. even without a particular marking in this work is in no way to be construed to mean that such names may be regarded as unrestricted in respect of trademark and brand protection legislation and could thus be used by anyone.

Cover image: www.ingimage.com

This book is a translation from the original published under ISBN 978-620-7-46852-2.

Publisher:
Sciencia Scripts
is a trademark of
Dodo Books Indian Ocean Ltd. and OmniScriptum S.R.L publishing group

120 High Road, East Finchley, London, N2 9ED, United Kingdom
Str. Armeneasca 28/1, office 1, Chisinau MD-2012, Republic of Moldova, Europe
Printed at: see last page
ISBN: 978-620-7-73747-5

Conteúdo

OLÁ! SOU O DAVID.

Um programador autodidata e entusiasta da tecnologia com uma paixão pelo ensino. A inclinação natural de David para a construção distingue-o num mar de entusiastas da tecnologia. Com décadas de experiência no cruzamento da tecnologia, da aprendizagem automática e da inteligência artificial, não é apenas um espírito apaixonado e empreendedor, mas também um professor excecional.

A dedicação de David vai para além do domínio da tecnologia; ele está profundamente empenhado em ter um impacto positivo na sociedade. Este compromisso é evidente no seu desejo de partilhar o seu conhecimento através de dicas e truques, como neste livro "HTML5 Cheat Code - for Beginners". Se está à procura de aprender HTML 5 com um indivíduo notável que é tão apaixonado pela tecnologia como pelo ensino e por fazer a diferença no mundo, então está no sítio certo!

Introdução

Bem-vindo ao "HTML5 Cheat Code for Beginners"! Este livro tem como objetivo fornecer-lhe uma introdução divertida, envolvente e abrangente ao HTML5, CSS e JavaScript. Através de exemplos, exercícios e explicações claras, aprenderá os blocos de construção do desenvolvimento Web e estará no bom caminho para criar as suas próprias páginas Web cativantes e acessíveis.

Vamos mergulhar!

Capítulo 1

Noções básicas de HTML: Blocos de construção do Web

HTML (HyperText Markup Language) é a linguagem de marcação padrão para a criação de páginas Web. É constituída por uma série de elementos que definem a estrutura e o conteúdo de uma página Web.

Elementos e etiquetas

Um elemento HTML é composto por uma etiqueta de abertura, conteúdo e uma etiqueta de fecho. Por exemplo:

<p>Este é um elemento de parágrafo.</p>

Nota: Alguns elementos HTML, como <img>

e <br>, são de fecho automático e não necessitam de uma etiqueta de fecho.

Estrutura HTML básica

Todo documento HTML tem uma estrutura básica, que inclui os elementos <!DOCTYPE>, <html>, <head> e <body>:

<!DOCTYPE html>

<html>

```html
<head>
<title>A minha página Web</title>
</head>
<body>
<h1>Bem-vindos à minha página Web</h1>
<p>Este é um parágrafo de texto.</p>
</body>
</html>
```

Importante: Inicie sempre os seus documentos HTML com a declaração
<!DOCTYPE html>, que indica ao browser que está a utilizar HTML5.

Elementos HTML comuns

Eis alguns elementos HTML comuns que irá utilizar
ao construir a sua página Web:

- Cabeçalhos: <h1> a <h6> (do mais importante para o menos importante)
- Parágrafos: <p>
- Ligações: <a href="URL">Texto da ligação</a>
- Imagens: <img src="image.jpg" alt="Descrição da imagem">
- Listas:

o Lista não ordenada: <ul> com itens de lista <li>

o Lista ordenada: <ol> com itens de lista <li>

- Tabelas: <table>, <tr> (linha da tabela), <th> (tabela

cabeçalho), e <td> (dados da tabela)

Exemplo: Página Web HTML básica

Crie um novo ficheiro chamado **index.html** e adicione o
conteúdo seguinte:

```html
<!DOCTYPE html>
<html>
<head>
<title>A minha primeira página Web</title>
</head>
<body>
<h1>Bem-vindos à minha primeira página Web</h1>
<p>Este é um parágrafo de texto.</p>
<ul>
<li>Item 1</li>
```

```html
<li>Item 2</li>
<li>Item 3</li>
</ul>
<a href="https://www.example.com">Visite Example.com</a> </body>
</html>
```

Abra ***index.html*** no seu navegador Web para ver a sua primeira página Web!

Conclusão principal: *O HTML é o bloco de construção das páginas Web e consiste em elementos definidos por etiquetas de abertura e fecho. A estrutura básica de um documento HTML inclui os elementos* **<!DOCTYPE html>**, **<html>**, **<head>** *e* **<body>**.

Fundamentos de CSS: Estilizar a sua página Web

As CSS (Cascading Style Sheets) são utilizadas para estilizar e formatar o aspeto do seu conteúdo HTML. Permite-lhe controlar a cor, o tipo de letra, a disposição e outros aspectos visuais da sua página Web.

Sintaxe CSS

As regras CSS são constituídas por um seletor e um conjunto de declarações entre chavetas {}. As declarações são pares propriedade-valor separados por dois pontos e terminam com um ponto e vírgula. Por exemplo:

seletor {

propriedade: valor;

outra-propriedade: outro-valor;

}

Exemplo: Estilizar um parágrafo

Para estilizar um elemento de parágrafo, utilize o seguinte CSS:

```
p {
cor: vermelho;
família de fontes: Arial, sans-serif;
tamanho da fonte: 18px;
}
```

Isto irá alterar a cor do texto para vermelho, definir o tipo de letra para Arial e tornar o tamanho do tipo de letra 18 pixéis.

Conclusão principal: *O CSS é utilizado para estilizar e formatar o aspeto do seu conteúdo HTML. Consiste em regras com selectores e declarações, que definem os pares propriedade-valor para elementos de estilo.*

CSS em linha, interno e externo: Organizando seu

Existem três formas de aplicar CSS ao seu documento HTML: em linha, interno e externo.

CSS em linha

As CSS em linha são aplicadas diretamente a um elemento HTML utilizando o atributo style:

<p style="color: red; font-family: Arial, sans-serif; font-size: 18px;"> Este é um parágrafo com CSS em linha.

</p>

66 Nota: Embora o CSS em linha possa ser útil para uma estilização rápida, geralmente não é recomendado porque pode tornar o seu código HTML confuso e difícil de manter.

CSS interno

O CSS interno é colocado dentro de um elemento **<style>** na secção **<head>** do seu documento HTML:

<!DOCTYPE html>

<html>

<head>

<title>A minha página Web</title>

<style>

```
p {
cor: vermelho;
família de fontes: Arial, sans-serif;
tamanho da fonte: 18px;
}
</style>
</head>
<body>
<p>Este é um parágrafo com CSS interno.</p>
</body>
</html>
```

Nota: O CSS interno é útil para pequenos projectos ou testes, mas para projectos maiores, é melhor utilizar o CSS externo para facilitar a manutenção e a organização.

CSS externo

O CSS externo é colocado num ficheiro .css separado e ligado ao seu documento HTML utilizando um elemento **<link>** na secção **<head>:**
Crie um novo ficheiro chamado *styles.css* e adicione o seguinte conteúdo:

```
p {
cor: vermelho;
família de fontes: Arial, sans-serif; font-size: 18px;
}
```

Actualize o seu ficheiro *index.html* para ligar ao ficheiro CSS externo:

```
<!DOCTYPE html>
<html>
<head>
<title>A minha página Web</title>
<link rel="stylesheet" href="styles.css">
</head>
<body>
<p>Este é um parágrafo com CSS externo.</p>
</body>
</html>
```

Principais conclusões: *O CSS pode ser aplicado de três maneiras: em linha (diretamente em um elemento), interno (dentro de um elemento **<style>** no **<head>**)*

e externo (em um arquivo .css separado vinculado ao documento HTML). O CSS externo é recomendado para melhor organização e manutenção.

Seletores CSS: Direcionamento de elementos HTML

Os selectores CSS são utilizados para direcionar elementos HTML específicos para aplicar estilos.

Existem vários tipos de selectores, incluindo:

1. **Selectores de elementos:** Selecionar elementos com base no seu nome de etiqueta, por exemplo, **"p"** para parágrafos, **"h1"** para cabeçalhos de nível superior.

2. **Seletores de classe:** Elementos alvo com um atributo de classe específico, por exemplo, .**'my-class'**.

3. **selectores de ID:** Elementos alvo com um atributo de ID específico, por exemplo, **'#meu-id'**.

Exemplo: Utilização de selectores

Actualize o seu ficheiro **'index.html'**:

```
<!DOCTYPE html>
<html>
<head>
```

<title>A minha página Web</title>

<link rel="stylesheet" href="styles.css">

</head>

<body>

<h1 class="header">Bem-vindos à minha página Web</h1>

<p id="intro">Este é um parágrafo introdutório.</p>

<p>Este é outro parágrafo.</p>

</body>

</html>

Actualize o seu ficheiro **'styles.css'**: /* Seletor de elementos */ p {

cor: azul;

}

/* Seletor de classe */

.cabeçalho { font-family: "Arial", sans-serif;

}

/* Seletor de ID */

#intro { peso da fonte: negrito;

}

Abra **'index.html'** no seu navegador Web para ver os estilos aplicados utilizando diferentes selectores.

Principais conclusões: Os selectores CSS permitem-lhe direcionar elementos HTML específicos com base no seu nome de etiqueta, classe ou ID. Isto permite um controlo preciso sobre o estilo da sua página Web.

O modelo de caixa: Compreender o espaçamento e a disposição

O modelo de caixa CSS é um conceito fundamental que descreve as caixas rectangulares geradas para os elementos na árvore do documento. Consiste em quatro áreas: conteúdo, preenchimento, borda e margem.

1. **Conteúdo:** O conteúdo efetivo do elemento, como texto ou imagens

2. **Preenchimento**: O espaço entre o conteúdo
e a fronteira, que pode ser controlada
utilizando a propriedade **de preenchimento** (por exemplo,
'padding: 10px;').

3. **Borda**: A linha que rodeia o elemento, que pode ser estilizada utilizando a

propriedade **'border'** (por exemplo, **'border: 2px solid black;**).

4.   **Margem**: O espaço fora da margem, que pode ser controlado com o botão propriedade **'margin'** (por exemplo, **'margin: 15px;'**).

Exemplo: O modelo da caixa

Actualize o seu ficheiro **"styles.css"** para aplicar as propriedades do modelo de caixa aos seus elementos:

```
p {
cor: azul;
padding: 15px;
fronteira: 2px preto sólido;
margem: 10px;
}
```

Abra **'index.html'** no seu navegadcr Web para ver as propriedades do modelo de caixa aplicadas aos seus elementos de parágrafo.

Conclusão principal: O modelo de caixa CSS ajuda-o a compreender e a controlar o espaçamento e a disposição dos seus elementos HTML. Consiste em quatro áreas: conteúdo, preenchimento, borda e margem.

Web design reativo: Adaptação a diferentes dispositivos

A conceção responsiva da Web (RWD) é uma abordagem à conceção da Web que faz com que as páginas Web sejam bem apresentadas numa variedade de dispositivos e tamanhos de ecrã. Isto é conseguido através de layouts fluidos, imagens flexíveis e consultas multimédia CSS.

Layouts fluidos

Uma apresentação fluida utiliza unidades relativas, como percentagens, em vez de unidades fixas, como pixéis, para definir a largura dos elementos. Isto permite que o esquema se adapte a diferentes tamanhos de ecrã.

Exemplo: .contentor {

largura: 100%;

largura máxima: 1200px;

margem: 0 auto;

}

Imagens flexíveis

As imagens flexíveis são definidas para se redimensionarem e escalarem
automaticamente de acordo com o tamanho do seu contentor. Utilize a propriedade
'max-width' com um valor de **'100%'**:

img {

largura máxima: 100%;

altura: automática;

}

Consultas multimédia CSS

As consultas multimédia CSS permitem-lhe aplicar estilos com base nas
características do dispositivo do uti izador, como a largura do ecrã, o tipo de
dispositivo e muito mais. Por exemplo, para alterar o tamanho do tipo de letra de um
elemento de parágrafo em ecrãs com menos de 768 pixels de largura:

@media (max-width: 768px) {

p {

tamanho da fonte: 16px;

}

}

Conclusão principal: O design Web responsivo (RWD) é uma abordagem que faz
com que as páginas Web se adaptem a diferentes dispositivos e tamanhos de ecrã.
Utilize layouts fluidos, imagens flex veis e consultas de mídia CSS para criar designs
responsivos.

Consultas multimédia CSS: Adaptar o seu design

As consultas multimédia CSS são uma ferramenta poderosa para adaptar o seu design a diferentes dispositivos e tamanhos de ecrã. Permitem-lhe aplicar regras CSS com base em várias condições, como a largura do ecrã, o tipo de dispositivo e muito mais.

Sintaxe

A sintaxe básica de uma consulta multimédia é:

@media (condição) {

/* Regras CSS a aplicar se a condição for satisfeita */ }

Condições comuns de consulta de meios de comunicação

Eis algumas condições comuns de consulta multimédia:

1. **Largura e altura: (largura mínima: valor)** ou

(max-width: valor) e **(min-height: valor)** ou **(max-height: valor)**.

2. **Tipo de dispositivo: (orientação: retrato)** ou **(orientação: paisagem)**.

3. **Resolução: (resolução mínima: valor)** ou **(resolução máxima: valor)**.

Condições comuns de consulta de meios de comunicação

Eis algumas condições comuns de consulta multimédia:

1. **Largura e altura: (largura mínima: valor) ou (largura máxima: valor) e (altura mínima: valor) ou (altura máxima: valor).**

2. **Tipo de dispositivo: (orientação: retrato) ou (orientação: paisagem).**

3. **Resolução: (resolução mínima: valor) ou (resolução máxima: valor).**

Exemplo: Utilização de consultas multimédia

Actualize o seu ficheiro **'styles.css'** para incluir as consultas multimédia:

```
/* Estilos para telemóveis */
p {
tamanho da fonte: 16px;
}
/* Estilos de tabelas */
@media (min-width: 768px) {
```

Layouts flexíveis com CSS Grid e Flexbox

O CSS Grid e o Flexbox são sistemas de disposição poderosos que facilitam a criação de disposições flexíveis e reactivas para as suas páginas Web.

Grelha CSS

A grelha CSS é um sistema de disposição bidimensional que permite controlar linhas e colunas na sua disposição. Pode definir um contentor de grelha definindo a propriedade **'display'** como **'grid'**:

.contentor { visualização: grelha;

}

Pode então definir o número de colunas e linhas, bem como os respectivos tamanhos, utilizando as propriedades **'grid-template- columns'** e **'grid-template-rows'**:

.contentor {

visualização: grelha;

Colunas do modelo de grelha: **repetir (3, 1fr);** linhas do modelo de grelha: **auto;**

}

Nota: A função **repeat()** e a unidade **1fr** são utilizadas para criar três colunas de largura igual.

Flexbox

O Flexbox é um sistema de disposição unidimensional que permite criar disposições flexíveis e reactivas, distribuindo o espaço ao longo de um único eixo (horizontal ou verticalmente). Pode definir um contentor flexível definindo a propriedade **display** como **flex**:

```
.contentor {
ecrã: flex;
}
```

Pode então controlar a direção, o alinhamento e a distribuição dos itens dentro do contentor flex utilizando propriedades como flex-direction, align-items e justify-content:

```
.contentor {
ecrã: flex;
flex-direção: linha;
alinhar itens: centro;
justificar-conteúdo: espaço entre;
}
```

Exemplo: Utilização de CSS Grid e Flexbox

Actualize o seu ficheiro *index.html* para incluir um contentor de grelha e um contentor flexível:

```
<!DOCTYPE html>
<html>
<head>
<title>A minha página Web</title>
<link rel="stylesheet" href="styles.css">
</head>
<body>
<div class="grid-container">
<div class="grid-item">Item 1 da grelha</div>
<div class="grid-item">Item 2 da grelha</div>
<div class="grid-item">Item 3 da grelha</div>
</div>
<div class="flex-container">
<div class="flex-item">Item Flex 1</div>
<div class="flex-item">Item flexíve 2</div>
<div class="flex-item">Item flexíve 3</div>
</div>
```

```html
</body>
</html>
```

Actualize o seu ficheiro styles.css para estilizar a grelha e os contentores flexíveis:

```css
.grid-container {
visualização: grelha;
grid-template-columns: repeat(3, 1fr); grid-gap: 10px;
}
.item da grelha {
cor de fundo: azul claro;
padding: 10px;
alinhamento do texto: centro;
}
.flex-container {
ecrã: flex;
flex-direção: linha;
alinhar itens: centro;
justificar-conteúdo: espaço entre;
}
.flex-item {
cor de fundo: coral claro;
padding: 10px;
alinhamento do texto: centro;
}
```

Principais conclusões: *CSS Grid e Flexbox são sistemas de layout poderosos para criar layouts flexíveis e responsivos. A grelha permite o controlo bidimensional de linhas e colunas, enquanto a Flexbox funciona ao longo de um único eixo.*

Noções básicas de JavaScript: Adicionar interatividade à sua página Web

O JavaScript é uma linguagem de programação que lhe permite adicionar interatividade, lógica e conteúdo dinâmico às suas páginas Web. Pode ser adicionada em linha utilizando o elemento **'<script>'** ou externamente através de um ficheiro **'.js'** separado.

JavaScript em linha

Pode adicionar JavaScript em linha utilizando o elemento <script> no seu documento HTML:

```
<!DOCTYPE html>
<html>
```

```html
<head>
<title>A minha página Web</title>
</head>
<body>
<button onclick="alert('Hello, World!')">Clique
eu</botão>
<script>
função showMessage() {
alerta('Olá, Mundo!');
}
</script>
</body>
</html>
```

Nota: Embora o JavaScript em linha possa ser útil para testes rápidos, geralmente não é recomendado para projectos maiores, uma vez que pode tornar o seu código HTML confuso e difícil de manter.

JavaScript externo

Crie um novo ficheiro chamado **'scripts.js'** e adicione o seguinte conteúdo:

```javascript
função showMessage() {
alerta('Olá, Mundo!');
}
```

Actualize o seu ficheiro index.html para ligar ao ficheiro JavaScript externo:

```html
<!DOCTYPE html>
<html>
<head>
<title>A minha página Web</title>
<link rel="stylesheet" href="styles.css">
</head>
<body>
<button onclick="showMessage()">Clique em mim</button>
<script src="scripts.js"></script>
</body>
</html>
```

Conclusão principal: *JavaScript é uma linguagem de programação que adiciona interatividade e conteúdo dinâmico às suas páginas Web. Pode ser adicionada em* *linha utilizando o elemento <script> ou externamente através de um ficheiro .js separado.*

Trabalhando com o DOM: Manipulando o conteúdo da página da Web

O DOM (Document Object Model) é uma interface de programação para documentos HTML que permite aceder e manipular elementos HTML utilizando JavaScript.

Acesso a elementos HTML

É possível aceder a elementos HTML utilizando vários métodos, como **getElementById()**, **getElementsByClassName()**, **getElementsByTagName()** e **querySelector()**: var elementById = document.getElementById('my-id');

var elementsByClassName = document.getElementsByClassName('my-class');

var elementsByTagName = document.getElementsByTagName('p');

var elementByQuerySelector = document.querySelector('.my-class');

Manipulação de elementos HTML

Depois de aceder a um elemento HTML, pode modificar o seu conteúdo, atributos e estilos utilizando JavaScript:

```javascript
// Atualizar conteúdo
elementById.innerHTML = "Novo conteúdo";
// Atualizar atributos
elementById.setAttribute('class', 'new-class');
// Atualizar estilos
elementById.style.backgroundColor = 'red';
```

Exemplo: Manipulando o DOM

Actualize o seu ficheiro **index.html**:

```html
<!DOCTYPE html>
<html>
<head>
<title>A minha página Web</title>
<link rel="stylesheet" href="styles.css">
</head>
<body>
<h1 id="my-heading">Bem-vindos ao meu
Página Web</h1>
<button onclick="changeHeading()">Alterar
Título</button>
<script src="scripts.js"></script>
</body>
</html>
```

Actualize o seu ficheiro **scripts.js:**

```javascript
função changeHeading() {
var heading = document.getElementById('my-heading');
heading.innerHTML = 'Novo título'; heading.style.color = 'blue';
}
```

Abra **index.html** no seu navegador Web e clique no botão para ver a alteração do título.

Principais conclusões: O DOM é uma interface de programação para documentos HTML que permite aceder e manipular elementos HTML utilizando JavaScript. É possível aceder a elementos utilizando vários métodos e, em seguida, modificar o seu conteúdo, atributos e estilos.

Eventos JavaScript: Respondendo às ações do usuário

Os eventos JavaScript são acções ou ocorrências que acontecem no browser, como cliques, pressões de teclas ou carregamentos de páginas. Ao ouvir os eventos e responder com código JavaScript, pode criar experiências interactivas para os utilizadores.

Ouvintes de eventos

Os ouvintes de eventos podem ser adicionados a elementos HTML para "ouvir" um evento específico e, em seguida, executar uma função quando esse evento ocorrer: element.addEventListener('event-name', functionName);

Eventos comuns

Eis alguns eventos comuns a que pode querer prestar atenção:

1. **Clique:** clique
2. **Passar o rato:** passar o rato
3. **Mouseout:** mouseout
4. **Teclar para baixo:** keydown
5. **Submeter:** submeter

Exemplo: Ouvintes de eventos

Actualize o seu ficheiro **index.html**:

```
<!DOCTYPE html>
<html>
<head>
<title>A minha página Web</title>
<link rel="stylesheet" href="styles.css">
</head>
<body>
<button id="my-button">Clique em mim</button>
<script src="scripts.js"></script>
</body>
</html>
```

Actualize o seu ficheiro **scripts.js:**

```
var button = document.getElementById('my-button'); button.addEventListener('click',
showMessage);
função showMessage() { alert('Hello, World!');
}
```

Abra **index.html** no seu navegador Web e clique no botão para ver a alteração do título.

Principais conclusões: O DOM é uma interface de programação para documentos HTML que permite aceder e manipular elementos HTML utilizando JavaScript. É possível aceder a elementos utilizando vários métodos e, em seguida, modificar o seu conteúdo, atributos e estilos.

Otimização para motores de busca (SEO): Melhorar a visibilidade na Web

SEO (Search Engine Optimization) ajuda a melhorar a visibilidade do seu nos motores de busca como o Google. Ao seguir as melhores práticas, pode aumentar a classificação do seu sítio Web nos resultados de pesquisa.

Títulos de página significativos

Crie títulos de página significativos e descritivos utilizando o elemento <title>. Isto ajuda os motores de busca a compreender o conteúdo da sua página e a apresentá-la nos resultados de pesquisa relevantes:

```
<head>
<title>O meu sítio Web acessível - Página inicial</title>
</head>
```

Conclusão principal: Utilize títulos de página significativos e descritivos para melhorar a visibilidade do seu sítio web nos resultados dos motores de busca.

URLs descritivos

Utilize URLs descritivos para as suas páginas que incluam palavras-chave relacionadas com o seu conteúdo:

- **Bom: https://example.com/about-us**
- **Mau: https://example.com/page?id=123**

Meta Tags

Inclua meta tags no <head> do seu documento HTML para fornecer informações adicionais sobre o seu conteúdo aos motores de busca:

```
<head>
<meta name="description" content="Conheça o nosso sítio Web acessível e a equipa que o criou.">
<meta name="keywords" content="acessível, sítio Web, equipa">
</head>
```

Conclusão principal: Utilize as meta tags para fornecer informações adicionais sobre o seu conteúdo e melhorar a visibilidade do seu sítio web nos resultados dos motores de busca.

Otimização do desempenho: Tempos de carregamento mais rápidos

Melhorar o desempenho do seu sítio Web pode melhorar a experiência do utilizador e ajudar a reter os visitantes. Eis algumas técnicas de otimização:

Reduzir CSS e JavaScript

A redução de ficheiros CSS e JavaScript remove espaços em branco e comentários desnecessários, reduzindo o tamanho do ficheiro e o tempo de carregamento.

Muitas ferramentas online, como o CSS Minifier e o JavaScript Minifier, podem ajudá-lo a minificar os seus ficheiros.

Principais conclusões: Reduza os seus ficheiros CSS e JavaScript para diminuir o seu tamanho e melhorar os tempos de carregamento.

Otimizar imagens

Optimize as suas imagens, comprimindo-as sem comprometer a qualidade.
Pode utilizar ferramentas online como o TinyPNG ou o ImageOptim.

Principais conclusões: Optimize as suas imagens para reduzir o tamanho do ficheiro, mantendo a qualidade, o que conduz a tempos de carregamento mais rápidos.

Carregamento lento

O carregamento lento é uma técnica que adia o carregamento de recursos não críticos até que sejam necessários. Isto pode ser especialmente útil para imagens e outros conteúdos multimédia:

```
<img src="placeholder.jpg" data-src="image.jpg" alt="Uma imagem de exemplo"
class="lazy-load">
document.addEventListener('DOMContentLoaded',
função() {
var lazyImages =
[].slice.call(document.querySelectorAll('img.lazy-load'));
se ('IntersectionObserver' in window) {
var lazyImageObserver = new
IntersectionObserver(function(entries, observer) {
entradas.forEach(function(entry) {
se (entrada.isIntersecting) {
var lazyImage = entry.target;
lazyImage.src = lazyImage.dataset.src;
lazyImage.classList.remove('lazy-load');
lazyImageObserver.unobserve(lazyImage);
}
});
});
lazyImages.forEach(function(lazyImage) { lazyImageObserver.observe(lazyImage);
});
}
});
```

Principais conclusões: Implemente o carregamento lento para adiar o carregamento de recursos não críticos, melhorando os tempos de carregamento inicial e o desempenho geral.

Navegador Ferramentas para programadores: Depurar e otimizar a sua página Web

As ferramentas de desenvolvimento do navegador são ferramentas integradas que o ajudam a inspecionar, depurar e otimizar a sua página Web. Estas ferramentas estão disponíveis na maioria dos browsers modernos, como o Chrome, o Firefox e o Safari.

Inspecionar elementos

Pode inspecionar elementos na sua página Web para ver e modificar as respectivas propriedades HTML, CSS e JavaScript. Clique com o botão direito do rato num elemento e seleccione "Inspecionar" ou "Inspecionar elemento" para abrir as Ferramentas de desenvolvimento.

Depurar JavaScript

Use a guia "Fontes" ou "Depurador" nas Ferramentas do desenvolvedor para depurar seu código JavaScript. É possível definir pontos de interrupção, percorrer o código e exibir valores de variáveis.

Separador Rede

O separador "Rede" nas Ferramentas de desenvolvimento permite-lhe ver todos os pedidos de rede efectuados pela sua página Web, incluindo os ficheiros pedidos, os códigos de estado e os tempos de carregamento. Isto pode ajudá-lo a identificar os estrangulamentos de desempenho e a otimizar o seu sítio Web.

Conclusão principal: Utilize as Ferramentas de desenvolvimento do navegador para inspecionar, depurar e otimizar a sua página Web, melhorando o processo de desenvolvimento e o resultado final.

Controlo de versões com o Git: Acompanhamento de alterações e colaboração

O Git é um sistema de controlo de versões distribuído que lhe permite seguir as alterações no seu código e colaborar com outros. Alguns comandos comuns do Git incluem:

- **git init**: Inicializa um novo repositório Git
- **git add**: Adicionar ficheiros à área de preparação

- **git commit**: Submeter alterações ao repositório
- **git status**: Ver o estado do seu repositório
- **git log**: Ver o histórico de commits

GitHub

O GitHub é uma plataforma baseada na Web para controlo de versões que utiliza Git. Fornece uma interface simples para gerir e colaborar em projectos. Pode criar um novo repositório no GitHub e depois cloná-lo para a sua máquina local utilizando git clone <repository-url>.

Ramificação e fusão

O Git permite-lhe criar ramos para trabalhar em novas funcionalidades ou correcções de erros sem afetar a base de código principal. Para criar um novo ramo, use **git checkout -b <branch-name>**. Para alternar entre branches, use **git checkout <branch-name>**.

Depois de concluir seu trabalho em um ramo, você pode mesclá-lo de volta ao ramo principal usando git merge **<branch-name>**.

Conclusão principal: Utilize o Git e plataformas como o GitHub para controlo de versões e colaboração, facilitando o acompanhamento das alterações e o trabalho com outras pessoas nos seus projectos.

Implantação: Publicar a sua página Web para o mundo

Uma vez concluído o seu sítio Web, é altura de o instalar num servidor Web para que possa ser acedido por qualquer pessoa na Internet. Existem vários fornecedores de alojamento e plataformas disponíveis para implementar o seu sítio Web:

Páginas do GitHub

O GitHub Pages é um serviço de alojamento gratuito para sites estáticos. Para implantar seu site usando o GitHub Pages, siga estas etapas:

1. Criar um novo repositório no GitHub.
2. Clone o repositório para o seu computador local.
3. Adicione os ficheiros do seu sítio Web ao repositório e confirme as alterações.
4. Envie as suas alterações para o repositório do GitHub.
5. Vá para as definições do repositório no GitHub e active o GitHub Pages.

O seu sítio Web estará acessível em
https://<username>.github.io/<repository-name>.

Netlify

A Netlify é uma plataforma de alojamento que oferece uma forma simples e poderosa de implementar sites Web estáticos, com funcionalidades como a implementação contínua, domínios personalizados e HTTPS. Para implantar seu site na Netlify:

1. Criar uma conta na <u>Netlify</u>.
2. Arraste e largue a pasta do seu sítio Web no painel de controlo do Netlify.
3. A Netlify implantará automaticamente seu site e fornecerá um URL.

Também pode ligar a sua conta Netlify ao seu repositório GitHub para uma implementação automática quando as alterações são enviadas.

Conclusão principal: Implemente o seu sítio Web num fornecedor ou plataforma de alojamento, como o GitHub Pages ou o Netlify, para o tornar acessível ao mundo.

Conclusão

Neste livro, abordámos uma série de tópicos para o ajudar a dominar o HTML5 e a criar páginas Web envolventes, acessíveis e optimizadas. Vamos recapitular as principais conclusões de cada capítulo:

1. Introdução ao HTML5: O HTML é a base da Web e o HTML5 introduz novos elementos e funcionalidades para criar páginas Web mais modernas e acessíveis.

2. Estrutura básica de HTML: Aprenda a estrutura fundamental de um documento HTML, incluindo os elementos <!DOCTYPE>, <html>, <head> e <body>.

3. Formatação de texto e tipografia: Utilizar elementos HTML e CSS para estilizar e formatar texto, incluindo títulos, parágrafos, listas e hiperligações.

4. Imagens, áudio e vídeo: Incorporar elementos de mídia como imagens, áudio e vídeo usando as tags <img>, <audio> e <video>.

5. Tabelas e formulários: Criar tabelas para apresentar dados e formulários para recolher dados do utilizador utilizando os elementos <table> e <form>.

6. CSS: Estilizar a sua página Web: Utilizar CSS para estilizar a sua página Web, incluindo cores, tipos de letra, layouts e design responsivo.

7. Acessibilidade da Web: Conceba o seu sítio Web de forma a ser acessível a todos os utilizadores, incluindo os portadores de deficiência, utilizando HTML semântico, texto alternativo para imagens e navegação por teclado.

8. Otimização para motores de busca (SEO): Melhore a visibilidade do seu sítio Web nos motores de busca, criando títulos de página com significado, URLs descritivos e utilizando meta tags.

9. Otimização do desempenho: Melhore o desempenho do seu Web site reduzindo o CSS e o JavaScript, optimizando as imagens e implementando o carregamento lento.

10. Ferramentas de desenvolvimento do navegador: Utilize as ferramentas incorporadas no browser para inspecionar, depurar e otimizar a sua página Web.

11. Controlo de versões com o Git: Acompanhe as alterações e colabore com outras pessoas utilizando o Git e plataformas como o GitHub.

12. Implementação: Publique a sua página Web no mundo inteiro utilizando fornecedores de alojamento e plataformas como o GitHub Pages e o Netlify.

A

- **AJAX (Asynchronous JavaScript and XML):** Uma técnica para carregar dados de um servidor sem atualizar toda a página Web, permitindo actualizações dinâmicas de conteúdos.

B

- **Ferramentas de desenvolvimento do navegador:** Ferramentas incorporadas nos navegadores Web utilizadas para inspecionar, depurar e otimizar páginas Web.

C

- **CSS (Cascading Style Sheets):** Uma linguagem de estilo utilizada para definir o aspeto visual dos documentos HTML.
- **Grelha CSS:** Um sistema de layout CSS para criar layouts bidimensionais.
- **CSS Minifier:** Uma ferramenta online para reduzir o tamanho dos ficheiros CSS através da remoção de caracteres desnecessários.

D

- **DOM (Document Object Model):** Uma interface de programação para documentos HTML e XML, que representa a página para que os programas possam alterar a estrutura, o estilo e o conteúdo do documento.

F

- **Flexbox:** Um sistema de disposição CSS para organizar itens num fluxo unidimensional.

G

- Git: Um sistema de controlo de versões distribuído utilizado para acompanhar as alterações no código-fonte durante o desenvolvimento de software.
- GitHub: Uma plataforma online para controlo de versões e colaboração, utilizando o Git.

H

- **HTML (Hypertext Markup Language):** A linguagem de marcação padrão utilizada para criar páginas Web.

I

- **ImageOptim:** Uma ferramenta online para otimizar imagens para reduzir o tamanho do ficheiro sem perder qualidade.

J

- **JavaScript:** Uma linguagem de programação utilizada para criar efeitos interactivos nos navegadores Web.

- **jQuery:** Uma biblioteca JavaScript rápida, pequena e rica em funcionalidades, concebida para simplificar o scripting de HTML do lado do cliente.

L

- Carregamento lento: Um padrão de design utilizado para adiar o carregamento de recursos não críticos no momento do carregamento da página.

M

- Meta Tags: Snippets de texto que descrevem o conteúdo de uma página; não aparecem na página em si, mas apenas no código da página.

N

- Netlify: Uma plataforma de alojamento web e de automatização para projectos web modernos.

P

- Otimização do desempenho: Técnicas utilizadas para melhorar a velocidade e a eficiência de um sítio Web.

R

- Web design reativo: Uma abordagem à conceção da Web destinada a criar sítios para proporcionar uma experiência de visualização óptima numa vasta gama de dispositivos.

S

- SEO (Search Engine Optimization): O processo de melhorar a qualidade e a quantidade de tráfego para um sítio Web a partir dos motores de busca.

T

- TinyPNG: Uma ferramenta online para comprimir imagens de forma eficaz.

W

- Acessibilidade da Web: A prática de garantir que os sítios Web são utilizáveis por pessoas de todas as capacidades e deficiências.

Este glossário fornece uma referência rápida a alguns dos principais termos e tecnologias abordados no nosso livro, "HTML5 Cheat Code for Beginners". Cada termo é um bloco de construção no mundo do desenvolvimento Web, ajudando-o a compreender e a navegar no complexo cenário da criação e manutenção de Web sites modernos.

Agradecimentos

A todos os jovens leitores e aspirantes a web designers,

Obrigado por embarcar comigo nesta viagem mágica pelo mundo do HTML5. A sua curiosidade, entusiasmo e paixão pela aprendizagem foram a força motriz por detrás deste guia. Cada página foi criada a pensar em si, na esperança de acender a centelha de criatividade e inovação que existe em si.

Para todas as crianças que alguma vez sonharam em construir o seu próprio reino digital, para todos os adolescentes que mexeram em códigos até altas horas da noite, e para todos os pais e professores que apoiaram estes sonhos - este livro é para si.

O mundo do web design é vasto e está sempre a evoluir, e estou muito contente por o ter como parte desta comunidade. Continuem a explorar, continuem a criar e lembrem-se de que, com cada linha de código, estão a dar um toque de magia ao mundo digital.

Com gratidão e votos de felicidades,

David Jonathan

Referências e outras leituras

Neste livro, abordámos uma vasta gama de tópicos relacionados com HTML5, CSS, JavaScript e técnicas de desenvolvimento Web. Aconselhamo-lo a investigar os seguintes recursos para alargar e melhorar os seus conhecimentos. Estas referências fornecem informações úteis sobre o campo do desenvolvimento Web, independentemente do seu nível de experiência. Quer seja um novato a tentar reforçar os seus alicerces ou um programador experiente a querer aperfeiçoar as suas competências.

1. Duckett, J. (2011). **HTML & CSS: Design and Build Websites.** Wiley. *Uma introdução acessível aos princípios do desenvolvimento Web que oferece uma base sólida em HTML e CSS, juntamente com explicações e ilustrações concisas.*

2. Duckett, J. (2014). **JavaScript e JQuery: Desenvolvimento interativo de front-end para Web. Wiley.** *Descubra os componentes interativos do desenvolvimento web com esta introdução completa ao jQuery e ao JavaScript.*

3. Haverbeke, M. (2018). **JavaScript Eloquente: Uma introdução moderna à programação. No Starch Press.** *Esta introdução actualizada ao JavaScript irá ensinar-lhe os fundamentos e estratégias de programação. Disponível gratuitamente em https://eloquentjavascript.net/*

4. Robbins, J. N. (2018). **Aprendendo Web Design: Um guia para iniciantes em HTML, CSS, JavaScript e gráficos da Web.** O'Reilly Media. *Uma introdução completa aos fundamentos do desenvolvimento web que é adequada tanto para programadores principiantes como para programadores experientes.*

5. **MDN Web Docs.** Mozilla. https://developer.mozilla.org/. *Documentos de padrões da Web, lições e instruções estão todos disponíveis neste abrangente recurso on-line para desenvolvedores da Web.*

6. **W3Schools Tutoriais Web Online.** https://www.w3schools.com/. *Aprenda as linguagens utilizadas para o desenvolvimento web seguindo tutoriais e referências simples de entender.*

7. **Directrizes da Iniciativa para a Acessibilidade da Web (WAI).** Consórcio da World Wide Web (W3C). https://www.w3.org/WAI/. *Recursos e normas oficiais para garantir que o conteúdo do seu sítio Web é acessível a todos os utilizadores.*

8. **Google Developers Web Fundamentals.** https://developers.google.com/web. *Um recurso alojado na Google que fornece orientações, lições e melhores práticas para o desenvolvimento Web contemporâneo.*

9. **Guias do GitHub.** https://guides.github.com/. *Instruções e uma introdução à utilização do Git e do GitHub para a gestão e colaboração de versões de projectos de software.*

10. **Netlify Docs.** https://docs.netlify.com/. *Documentação sobre a utilização do Netlify para alojamento e automatização de projectos Web, com foco em práticas Web modernas.*

11. Beaird, J. (2014). ***Os princípios de um web design bonito.*** *SitePoint. Um manual para apreciar as qualidades estéticas dos sítios Web através da compreensão dos componentes de um excelente Web design.*

yes
I want morebooks!

Buy your books fast and straightforward online - at one of world's fastest growing online book stores! Environmentally sound due to Print-on-Demand technologies.

Buy your books online at
www.morebooks.shop

Compre os seus livros mais rápido e diretamente na internet, em uma das livrarias on-line com o maior crescimento no mundo! Produção que protege o meio ambiente através das tecnologias de impressão sob demanda.

Compre os seus livros on-line em
www.morebooks.shop

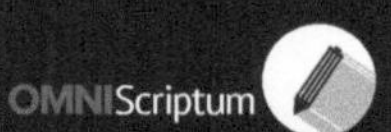

Printed by Books on Demand GmbH, Norderstedt / Germany